사진촬영_ 이장수

푸른 징조

애지시선 047

푸른 징조

2013년 3월 19일 초판 1쇄 발행
2019년 5월 10일 초판 2쇄 발행

지은이 김길녀
펴낸이 윤영진
편 집 함순례
디자인 함광일 이경훈
홍 보 한천규
펴낸곳 도서출판 애지
등록 제 2005-000005호
주소 34570 대전광역시 동구 대전천북로12
전화 042 637 9942
팩스 042 635 9941
전자우편 ejiweb@hanmail.net

ISBN 978-89-92219-42-6 03810

* 이 책은 2013년 부산광역시 문예진흥기금을 지원받았습니다

애지시선 047

푸른 징조

김길녀 시집

〈일러두기〉

본문에서 〉는 '단락 공백 기호' 로 다음 쪽에서 한 연이 새로 시작된다는 표시이다.

□ 시인의 말

적과의 동거를 시작하며 화레스톤을 만났다
나를 지독하게 사랑하는 적과의 생활은 울퉁불퉁했다
깊은 우울 속으로 나를 감금시켰다

그래도, 끊임없이 나로부터의 혁명을 꿈꾸며
시간의 죽음을 넘어 안간힘의 연대기를 지나며
물결에 관한 보고서를 받았다

날짜변경선을 지나 흑해에서 날아온 발칸장미 향기가 바다로 가는 문을 열어 주었다 봄비 내리는 날 파천금을 만나며 그 여자가 남기고 간 화레스톤을 보았다

이제, 페루의 바닷가에서 로맹가리와 뫼르소를 데리고 자카르타로 간다
그곳에서 청사포의 봄과 사월의 눈을 그리워 할 것이다
다시, 옛집으로 돌아오는 날은 더 이상의 구토는 없으리라

세상, 저 너머로 떠나간 나의 혜린에게 이 시집을 바친다

2013년 봄이 오는 모지포 작업실에서
김길녀

차례

제2부

제3부

제4부

제1부

사월의 눈

아주 오랜만에
꽃길을 뚫고
옛날 애인이
찾
아
왔
다

파천금*

파천금破天琴을 만난 화요일 아침
비 맞은 통나무들 층층이 쌓여 서로의
전생 이력을 소곤거리고 있다
35번 국도 목재소 앞 신목神木으로 서 있는
아흔 살쯤 되어 보이는 이팝나무 한 그루
그 가지 끝자락, 오동나무에 파랗게
음각된 가얏고 세 글자 빗물에 씻어내고 있다
묵은 빗줄기 따라 먼 바다
거슬러 온 흑빛 물고기 한 마리
대나무 숲 우거진
늙은 돌담 아래 젖은 몸
말리며 현을 뜯는다
지느러미에 묻혀 온 이국의 바다
해변묘지 키 작은 비석의 길고 긴 안부를
두루마리처럼 펼쳐낸다
긴 여행에 지친 물고기 울음소리
빗방울에 섞여와 하늘문 찢기는 울음을 낳는다

적요 속에 젖어 있던 대나무 숲의 뒤란
쭈빗 솟아오른 죽순 위에 걸쳐진 지난봄
우산뱀의 허물이 먼 바다 물고기 비늘과
뒤엉켜 찬란한 봄을 뜯어내고 있다

* 범청 이석희 선생이 150년 된 흑목으로 만든 물고기 형상의 가야금

물결에 관한 보고서

칠월 장맛비, 시퍼런 초록 골짜기를
흘러나오는 오래된 옛집,
나보다 먼저 죽어간 이들의 저녁을 위하여
슬며시 문고리를 열어둔다
저물녘 강둑에 스며든 적막감이 한기로
다가와 스멀스멀
경전 속 숨은 비밀이 되어
방안 가득 똬리를 튼다
주술에 걸린 듯 박태기나무 팝콘 같은 꽃잎들
후―두둑 떨어져 어둠의 두터운 안부를
빗길 위에 떠내려 보낸다
검은 물기둥 궁전이 있는 사북, 뭉텅뭉텅
킬링필드의 목 잘린 해골처럼 쌓여서
산맥을 이루는 폐석탄 잔해들,
굳은 능선의 부르튼 틈새마다엔
붉디붉은 물결의 시간이 깊은 주름으로
흐르다, 꽉 다문 막장 문 입구에서

녹슨 눈물의 뿌리로 환생하기도 한다
막장으로 가는 마지막 길
숨이 긴 여름햇살, 제 몸 서랍 속 비늘
모두 털어내어
바다로 가는 길을 열고 있다

푸른 징조

사람의 정신은 머릿속에 있는 것이 아니라 발바닥에 스며있다며 일흔 살 처녀할머니 살아생전 어린 손녀를 무릎에 앉혀 놓고 툇마루 끝 부엌 달린 외양간 늙은 황소에게 붉은 눈길 보내며 중얼거리셨다 늦여름 땡볕이 끝 몸살 앓던 가을, 홍시 따려다가 말벌에게 뜯겨버린 손가락의 벌침독 어린 손녀 온몸 빨갛게 부풀게 하였을 때, 아홉 살짜리 계집아이 몸 발가벗긴 채 처녀할머니 왕소금으로 생살을 문지르면 소름처럼 돋아나던 발바닥의 정신들이 해질녘 마당 귀퉁이에 피어난 붉은 맨드라미 살결처럼 보드라웠다 아홉 살 추석을 하루 앞둔 밤사이 옆자리에 누운 할머니를 데려간 보름달의 긴 팔이 처녀할머니 발바닥을 억세게 간지럽혔다고 위안했던 아침이었다 곰소테*, 곰소테 뒷산 돌배나무 숲에서 불어오던 붉은 노랫소리, 일흔 살 그대로 처녀인 할머니 꿈을 찾아서 보름달 속으로 떠나셨다

* 곰소테: '꿈을 찾아서' 라는 뜻을 지닌 외래어

청사포의 봄

청사포 바닷가
등대 보이는 낮은 언덕
삼백 년 된 당산 소나무 두 그루
서로 옆으로 고개를 돌리고 있다
한 자리에서도 마주 볼 수 없는
기막힌 사연 알 길 없지만
지금 내 곁에 있는 사람 모습
닮았음을 알 것도 같아
어쩌다가 들려오는 동해남부선 기적소리
빨간 등대 지붕을 돌아
방파제 큰돌 더미에
귀신고래 울음 뿌려두고
멀어져간다
해풍에 키를 낮춘 봄동 지천인 텃밭
한가운데, 서둘러 핀 청매화 한 그루
서늘한 꽃망울은
오래전에 알았던 그 사람이
남기고 간 뒷모습

미술관에서 만난 바다

침묵하던 블루 속에서 점점이
부풀어 오르는 숨겨진 바다

지난여름 남극을 떠돌다
깨어진 부빙 꽃잎들
수평선 넘어 불어오는
파도 비늘 모아 천천히 흘러 나온다

일억 년 전 빙하에 실려 온
일각돌고래 뿔 긴 생애
장막에 가려진 해무 벗기며
긴 잠에 빠져있던 물고기 궁전의
화려한 시절,
한 페이지씩 펼쳐낸다

깊은 바다, 열수 분출공 굴뚝 아래
그 캄캄한 곳

오래된 수장고 비밀의 문 열리자
먼지 쌓인 방마다 묻혀있던
죽은 자들의 푸른 시간, 한번도
천사였던 적이 없었던 나의
전생도 그곳에서 부활하여
마린 스노우, 하얀 눈송이로 날아오른다

옛집

이제 옛집 빈터에는 산수유꽃만 사태지고 있다
버즘처럼 썩어가는 모과와
꽃바람에도 꿈쩍 않는 늙은 감나무 옆
부르튼 살결의 산수유 가지 끝에
차마 떨구지 못했던
지난해 붉은 산수유 열매
할머니 쪼그라든 젖꼭지 같다
서둘러 골짜기로 찾아드는
저녁 햇살 붉다
덩그마니 댓돌 위에 앉은
흰고무신 바람그늘 속
그네 타는 노란 꽃귀신들
풍장으로 뼈만 남은 허물어진 담벼락
감싸 안은 초록 넝쿨은
금이 간 장독 안에서
새벽 이슬을 낳는다

기억의 꽃밭

여름 햇살 따가운 앞집 돌담 밑
붉은 샐비어 꽃그늘 아래 꽃뱀 새끼들
꼬물꼬물 소꿉놀이 밥상 위로
부지런히 더위를 실어 날랐다
검붉은 초록 몸은 단지 사람에 대한
경계의 무늬일 뿐
혀 속에 독을 키우진 않았다
고 어린것들 데려다가
푸른 사금파리 접시 위에
몸 눕히면
툇마루 끝에 처녀할머니,
마당가에 가득 핀 보라색 수국처럼
환하게 웃으셨다

바다를 굽다

내 친구 김 선장이
먼 북태평양에서
바다를 택배로 부쳐왔다
해동되는 꽁치 아가미에서
뚝뚝 떨어지는 붉은 피
발간장미 입술처럼 붉다
먼 바다의 일기장이 두루마리를
펼치듯 시퍼렇게 물이 뚝뚝
저녁 내내 철판 가득
난바다 항해를 굽고 있다

칠월

전업 백수 하루 중
가장 무료하게 느껴지는
오후 3시,
그 시간과 꼭 닮은
울퉁불퉁한 7월

소낙비 지나간
감나무 그늘 아래
평상에서 처녀할머니
불러주던 자장가
지독하게,
그리운 달

새들은 페루에 가서 죽지 않았다

죽지 않는 날들을 위하여
죽은 새들의 장례식에 갔다

바다는 더 이상 구토를 하지 않았고
갈매기 떼의 군무도 볼 수 없었다
누구도 육지에서의 삶을
이야기하지 않았다
삶에서의 간절함이 녹아버린
사탕처럼 끈적거리는
기억들만 남겨 놓았다
소매가 닳아빠진
외투와 실밥이 터져버린 초록빛깔
실크 스카프와 잉크가 말라가는
파카펜 한 자루, 스스로 향기를
접어가는 커피잔을 앞에 두고 책장의
마지막 페이지에 빗금을 그었다
죽음을 기다리던 한 남자의 그림자 안으로

이른 아침,
짙은 안개를 걷어내며
한 여자가 다가왔다
더 이상 아무것도 기대하지 않는 나이
마흔일곱 살 그 남자는
새들의 죽음이 즐비한 페루의 조용한
바다를 떠나갔다

죽지 않은 그들이 바다로 갔다
죽은 새들의 장례식이었다

첫사랑

스물셋,
늦은 겨울과 이른 봄 사이
구룡포 바다,
빨간 등대에 붙여 놓은
긴 편지와 하얀 입맞춤
참, 이뻤던
그때……

곧, 봄

뜻밖에 눈을 만난 삼월 언저리
기차는 강원도로 가고 있다
펄펄 내리는 시린 햇살 속
—삼월에 웬 눈이람—
나한정역과 홍정역 사이에서
풍경들이 덜컹거리자
건너편 여자가 흰 지팡이를 꼭 쥐었다
여자의 눈이 된지 오래인 듯
흰 지팡이는 닳아 있었다
여자는 귀로 무언가를 보는 듯
창밖으로 오랫동안 고개를 돌리고 있었고
가끔 여자의 미간이 섬세하게 흔들렸다
두 눈 뜨고도 보이지 않는 많은 것들
여자의 볼우물에서 피어나는
복사꽃 꽃잎, 꽃잎
기차는 비로소 고개를 넘는다

바다로 가는 문

모텔 바다정원에서 초아흐레 덜찬
보름달과 연애에 빠진
남자의 흰 엉덩이를 본다
그의 온몸에는 억만 년 전
묻혀 있던 빙하곡이
마른 넝쿨의 생애로 감겨 있다
먼길 달려와 남해에서 해빙을 멈춘
얼음덩이의 현재는 불경스러웠던
지난날 잠을 흔든, 깨어진
시간을 잉태한 거대한 자궁 같다
달과의 첫날밤 의식을 해독하는
나의 시선은 몽롱하다
그가 가진 슬픔역이 참으로 길다고 생각할 즈음
관음의 바다, 출렁
남자의 아랫도리 달허리에
휘감겨 오르가슴의 성城에 갇힌다
한낮, 파란 횟집 늙은 담벼락에 붙어있던

보푸라기 햇살들, 바다정원
침실로 우루루 몰려와
남자의 발을 씻기며 얼음을 녹이고 있다
한번도 온전히 버린 적 없었던
상처들을 천천히 부려놓는 새벽
모텔 정원에 핀
하양동백이 눈부시다

하루

늦은 휴가를 받아 춘천행 기차를 탔다

옆자리에 앉은 남자에게서 먼 바다
물비린내가 났었다는 걸 기억한다
골짜기로 접어들수록 깊어지는 그리움에
목울대가 젖어 올랐던 것도 기억한다

저물녘 소양강 가에는 청평사행 뱃길을
놓쳐 버린 뱀 떼 돌더미 속에
똬리를 튼 채 엉켜 있기도 했다
절 입구 당간지주 같은 키 큰 두 그루 소나무
구름에 섞여 스쳐 가기도 했다

가끔은 낯선 곳으로 스며 들어가 낯설게
나를 바라보는 것을 기꺼이 반겨야
한다는 생각도 잠시 했다

철 지난 감자꽃 듬성듬성 핀 밭고랑 같은
야외무대 객석에서 소년들의 합창을
들었다, 노랫소리는 저녁놀을 따라 강
깊숙이 내려앉고 있었다
빈 배에 묘박 중이던 익숙한 슬픔
물수제비 뜬 물결 따라 잠시 흔들거렸다

등을 기댄 어깨 위로 석양이 느리게 지고 있었다

제2부

저녁 바다

덜컹거리는 마을버스를 타고 창문으로 흘러드는
미루나무에 온몸을 기대고 앉으면
바다로 떠나간 지난여름
상처들이 붉은 부표가 되어 발바닥을 적셔옵니다

두꺼운 아픔이 해일이 되어 덮쳐와도 울 수 없는
갯메꽃 넝쿨을 따라가다 보면 하루 종일 바다를
베고 누워 있던 햇살이 슬레이트 지붕 위로 저린
걸음을 옮기는 낯익은 풍경이 다가옵니다

오랫동안 내 몸속에 세 들어 살았던 늙은
세포의 잎사귀들 한꺼번에 쏟아져 나와
저물녘 바다의 등에 업혀 흘러 흘러만 갑니다

화레스톤*

그 여자 몸 속에는 너무 많은 여자가 살고 있다

얼굴이 없고
팔이 없고
발이 없는
몸뚱이뿐인 여자가
매일 매일 여자 안에서 죽어간다

여자 속 여자 방으로
하얀 꽃송이 날아들 때마다
와글와글 피려던 붉은 상사화
꽃봉오리들 일제히 문을 닫는다

그 여자 몸속에는 정말 많은 여자가 살고 있다

한 달에 한번 꽃피는 절정을 잃어버린
여자의 절규가 열리지 않는 시간의

문고리를 흔들다 웅크려 잠이 든다

부빙처럼 떠도는 그 여자 몸속의 얼음꽃잎들……

* 화레스톤 : 여성호르몬 억제제

시간의 죽음

나의 삶이 죽음 근처에 가까워졌을 때
비로소, 시간에게도 죽음이 있다는 걸
깨달았다
찬란했던 한 생애를 찰나에 마감할 때도
떫디떫은 울음 끝에 매달린 홍매화
붉은 꽃망울처럼 많이는
울지 말아야지
얘야, 꽃잎에 매달린 지난겨울, 깊은 밤
못다 핀 중얼거림이 나무 뼛속까지
스며드는구나
갈라진 바위의 전설이 숨어 있는
천 개의 문을 지나 그가
오고 있단다
혀가 잘린 네 어미의 말(言)들이
매화나무 가지마다 주저리
주저리 붉은 향기로
열렸구나

기억이 사라진 집의 뿌리를
찾아, 자작나무 우거진 숲
얼음의 땅을 찾아
그가 멀리
떠나고 있단다

붉은 시간

피아골에서 흘러온 저녁놀

서늘하게 안겨드는

섬진강변

한여름 뜨거움 모두 받아들인

배롱나무 분홍 꽃잎들

죽음의 제의를 치루고 있다

적과의 동거

내 보물상자에는 알약이 가득 차 있어

나는 그렇게 죽음을 한 알씩 상자 속에 쌓아 두었어

눈빛이 참 고운 주치의는 날 아주 착한 환자로 알아

꼬박 꼬박 병원에 오고
꼬박 꼬박 약사를 만나고
꼬박 꼬박 환하게 웃고

꼬박 꼬박 꼬냑을 마시고
꼬박 꼬박 불량음식을 먹고
꼬박 꼬박 불면증을 즐기고

꼬박 꼬박 바다를 보고
꼬박 꼬박 타라수를 마시고
꼬박 꼬박 잦은 통증과 함께 밤을 새우고

꼬박 꼬박 아무도 없는 집에서 귀신놀이를 하기
도 하는
내 안에 여자들이 알약의 주인들이지

내 보물상자 열쇠는 막대사탕처럼 달콤하게 생겼어

지난 봄에는 천 년 전 바다였던 카파토키아 괴뢰메 골
짜기에
내 알약들을 한 상자 묻어 두고 왔어
바다의 유전자를 지닌 고래 형상의 모래 조각 아래 조
용히 묻었어
다시 천 년이 흐르면 알약들이 모래 조각으로 되살아나
내 아이들을 반기겠지
원자 기호 같은 알약 조각 앞에서
아이들은 어떤 표정을 지을까,
참 궁금해지기도 해
아이들 몸속에는 내가 심어

놓은 피토캐피탈이 매일 매일
초록 키를 키우고 있을 거야

내 안에는 알약을 좋아하는 여자들이 아주 많이 살아
그 여자들이 내 보물상자를 가지고 싶어해
아주 가끔씩은 그 여자들에게
막대사탕 열쇠를 건네주기도 하지
그런 날은 여자들이 날밤을 새며 파티를 열기도 해
내 안에 가득한 그 여자들이 난 정말 좋.단.다.

어떤 이별

성난 삼각 파도 넘어 다시 스커틀 사이로
보이는 접시만 한 동그란 하늘아래
바닷속을 네 팔로 휘젓고 있는 내가 있다
뱃전에 소금꽃으로 눈물 뿌리는
선원들 남겨두고……
구명부환은 떠돌이별처럼
저만치 홀로 떠내려 간다
나는 어디까지 침잠할 것인가
멀지 않은 곳에서 나의 바다가 애타게 부르고 있다
출렁이는 물결은 마스트 우듬지에서 대지의 봄날
복사꽃잎처럼 화르르 화르르 부서진다
심하게 떨리는 나의 생과 나의 몸뚱아리
바다밑 사슴뿔 산호초에 걸려
해파리 시체처럼 갈가리 찢겨진다
기울어진 풍경의 흘수선 경계에서
내뿜는 모자반의 향기 검붉다
해초 숲 아래에서 흩날리는 마린스노우

내 발바닥을 주무르고 있다
이제 나는 온전한 자유를 찾아
심해의 저, 광활한 우주 속으로 흘러든다

오래된 서랍

그가 가끔씩 안부를 물어온다

바람이 몹시 심하게 부는 날이면
오른쪽 가슴께로 안개비처럼
조심스럽게 흘러내리는
오래된 협곡의 낮은
숨소리를 듣는다

삐걱이는 시간의 뒤란에서
떨어져 나온 투명한
햇살에 기대어
숨소리에 귀 기울이며 속삭인다

아주 느리고 침착하게 주문을 외운다

붉은 망토 속 숨겨진 희디흰
손길의 유혹과

숨결 잃어버린 길 찾기의
수고로움이 헛되지 않기를 간절히 기도한다

먼 대륙 흙먼지 묻혀 온
바람의 상처들도 기꺼이 반기며
수레에 실려 있는 들꽃 무더기에
오래된 안부를 얹어 보낸다

그림자

장맛비 쏟아지는 바다를 지나 그가 온다

머리맡에 밝혀둔 인도산 장미 촛대의 검푸른 불꽃이
이제, 막 자정을 넘어 연옥으로 향하는
문지방을 넘으려고 마지막 의식을 치르고 있다

그 사이, 허공의 깃발처럼 펄럭이던 고요 속
바람의 출렁임이 흐릿하게 펄렁한
잠옷 사이를 비집고 들어온다

오래된 침묵의 순간이 오른쪽 팔뚝을 부여잡고
순식간에 천장까지 키를 키워버린 포도나무
초록 넝쿨을 따라 아슬아슬하게 동아줄을 감아올린다

세상에서 가장 낮은 숨소리가 들려온다

비를 삼켜버린 별빛이 무겁다고 느껴져

물방울 무늬 버티컬을 빠르게 끌어내린다

멈출 수 없는 지독한 손길의 축복과 저주가
가시덤불이 되어 잠의 나락 속으로 그를 끌어당긴다

꼼짝할 수 없는 온몸의 열기가 공중으로
손을 뻗치고 발바닥에선 지느러미가 돋기 시작한다

천천히 그를 안으면 심해에서
불어주는 피리소리가 들려온다

초록을 빗어내던 따스한 손길의 온기가 고스란히 전해
져 온다

꽃 피는 저녁

오래된 서까래 천장 위에
거꾸로 매달려 있는
청동물고기
뭉툭한 입술로
두고 온 바다 기억을
핥아먹고 있다
흐릿한 바람이 찾아들 때마다
푸득대는 비늘 사이로
제 살을 파먹던
작은 물고기들의 꼬리가
튀어나오기도 하고
빗돌 세워진 옆자리
둠벙 속에 비추던 노을도
청동물고기, 텅 빈
몸뚱아리 속으로
침잠하는데, 간절함 없는
마흔의 여자는 화들짝

화들짝 출렁임 한번 없이
피워 올리는 붉은 저녁을
꺾고 또 꺾는다

기억상실증

태평양 날짜변경선 넘는
흰머리칼의 사내 있다

찬란했던 24시의 자오선
거대한 검은 기둥을 넘어섰다

하루가 통째로 사라지자, 사내
떠도는 섬으로 바다에 남는다

기억의 집

사람보다 깊은 상처 지닌
실러캔스 한 마리
내 목에 걸려 있다

쿨럭 쿨럭
숨가쁜 아가미에
작은 가슴
내어 준다

오늘밤은 그가 살았던
바다 우물 속
보름달, 환하겠다

그렇게,

느리게 천천히 살아 가리라
기다리고 기다리던 마흔

많이 슬퍼해야 할 아픔이
똬리를 튼 채 기다리고 있었다

그래도,
실컷 놀 일만 남아 있대서
마냥 좋았다

물의 사막에 봄이 핀다

영도구 남항동 진양수리조선소 상가 중인 선박 좌우 현 줄지어 서 있는 집어등 불대기둥 사이로 비가 내린다 천마산 벚나무 만개한 분홍 꽃잎들 완경完經 전 생리혈처럼 흘러내린다 자갈치통선 갑판장은 용접 이음 툭툭 차며 비 피하다 깊은 한숨 짓는다 마스트 꼭지 비구름은 엉덩이를 들썩인다 동백꽃은 철마다 핏빛 제 색깔 벗어나지 못한다 광명단 바른다고 선체 외벽에 붉은 벽화 칠하던 선원들 막걸리 추렴도 노동의 무게 죄다 떨쳐 버릴 수 없다 한 무더기 소낙비 쏟아낸 하늘은 가벼워지고 선수 갑판 주위부터 넓어지는 햇살, 침묵하던 전기용접기와 그라인더 불꽃이 부지런히 햇빛을 쪼갠다

안간힘의 연대기

깜깜했다

천지간에 고립된 어둠뿐,
웃자라나는 곡식들의 고른 성장을 위하여
최소한의 빛도 허락하지 않는다
강에서 올라오는 낮은 숨결조차도
어둠에 떠밀려 고개를 수그린다
밤이면 더욱 찬란해지는 빛의 제국에서
깜깜한 어둠은 매우 낯설게
전신에 스며든다
혹 꿈속은 아닐까, 아홉 시간 삼십 분 온몸에 문신처럼
박음질된 죽음의 편린, 절벽 같은 침묵을 이끌고
한줄기 빛으로 목덜미를 파고든다
순간, 살아내야만 할 그 어떤 의무감에
피돌기의 숨찬 질주가 시작된다
온종일 뙤약볕이 머물고 간 강 저쪽,
물뱀들이 몸을 식히던 구부러진 둑길에는

달맞이꽃 한 무더기
달빛을 찾아 바람 속을 뒤적인다
완강한 어둠에 몸을 숙인 여름 강,
왼쪽 어깨를 적신 버드나무 늘어진
속살에는 치열하게 살아낸 붉은 노을의
생애가 홍건하게 번지고 있다

참으로, 지독한 어둠의 끝이었다

이별에 대한 예의

이대로 떠나야만 하는가
너는 무슨 말을 했던가
어떤 의미도 어떤 미소도
세월이 흩어가는 것
— 이문세 "그녀의 웃음소리뿐" 중에서

지난가을 서둘러 먼 먼 세상으로 떠난 널 위해
내 편하고자 떠나온 섬마을 외딴집
오래된 돌담에 기대 핀 창백한 매화

그믐밤 속에 꽃향기는 없고 너의 하얀 얼굴만
꽃잎 속에서 환하게 웃고 있다

"하늘이 너무 푸르러 서러운 날" 남겨 둔 채
들꽃 한아름 안고 물길 따라 흘러가고 있는 너

지금쯤,
네가 흘러가 닿은 그곳은 먼 먼 바다
그레이트 동굴 안 사자의 관 근처겠지

넌,
그곳에서 잠시 머물다
곧 더 많이 흘러가 마침내는
마린스노우 흩날리는 심해에 닿겠지

살아서는 다다를 수 없는 세상
그 세상 떠나서는 살 수 없는
심해어들 틈에서 들꽃 화관 쓴 어여쁜
너는 영원하거라……
내 생애 가장 절박한 기도가
바다로 바다로 흘러가고 있다

너와 함께 보냈던 따뜻한 날들의
온기를 오랫동안 기억하리라

섬마을의 적요 속에서
내게 처음 찾아 온 취기를 빌려

맨발의 바람소리와 느린 곡조의 노래로
화장花葬을 치르는 중이다

제3부

봄비

똑, 똑
연두를
두드리는 손
청사포
방파제 뜨겁다

먼 바다
안부가
몹시,
궁금해

섬에서 하룻밤

사랑방 식당 마당에 범부채꽃
칠월을 활짝 열고 있다
또래의 여주인 화장기 없는 얼굴로
뭍에서 온 사람들에게
쟁반 가득 바다를 담아낸다
땅끝자락 사람들 사이에서 떠돈다는
헌서방은 안 주고, 샛서방만 몰래
먹인다는 딱돔구이를 늙은 애인과
마주앉아 먹는다
싱싱한 돔의 눈알 파먹는 입안 가득
바닷물 울음 터뜨리는 울돌목의
창백한 파도소리, 일몰에
묻어 감겨온다
방금 전, 수족관에서 보았던
돔의 블루 빛깔 눈동자
거친 뼈 발라주는 그의
손등 위에서 물무늬로 어룽거린다

마당 귀퉁이 오래된 돌확에 뜬 하얀 수련 꽃망울
천천히 제 몸 열며
술잔 속으로 스며드는 저녁
장맛비 흩날리는 낯선 섬마을에서
북해를 떠돌고 있을 빨강 오징어잡이 어선 향해
섬마을의 고요를 빗물에 섞어 띄운다
출렁이는 마음은 배를 따라 항해 중이다

백색소음*

아기가 울기 시작했다

백년 동안 아무도 오지 않은 바닷가에 오래된
집 한 채
알렉산더**라 불리는 늙은 시인과 갈색 반점의
늙은 개 한 마리
안개 낀 공원을 지나 바다에 이르렀다
폐결핵에 걸린 사내의 기침소리처럼
간간이 들려오는 파도소리가 늙은 시인과
늙은 개의 귀를 잡아당겼다
몸뚱아리 없는 귀는 날개를 퍼득이며
오래된 집, 삐걱이는 통나무계단을 날아오르고
천장 위에 매달려 백년을 지켜 온 크리스탈 샹들리에의
먼지 속에서 귀를 닫아버렸다
늙은 시인의 발자국 소리가 쌓인
늙은 식탁의 청동 촛대
붉은 심지에 노란 점퍼의 소년으로부터 방금 전

사 온 따뜻한 시어詩語들을 모아 불사른다
고통과 절망 사이에서 늙은 시인의 죽음이
하루가 영원처럼, 흐린 날의 파도처럼
부풀어 오르고 있었다

아기가 울음을 멈추었다

* 백색소음 : 사람의 적막감을 해소해 주는 소리
** 알렉산더 : 테오 앙겔로폴로스의 '영원과 하루' 속에
나오는 주인공의 이름

물고기 사랑법

안개가 술렁거리는 날이다

길고 흰 구름의 나라 지나갈 때
백 만 년 동안 불어오던
고래의 구애 소리
선회창 틈으로 파고든다
내 사랑은 먼 육지에
나는 먼 바다에 떠 있다
사방으로 포진한 난파의 거친 손길
피하며 어선 지느러미
가시처럼 세우고
파도밭을 뚫는다

조심해야 할 것이다

사랑을 모르는 사람,
무적의 눈물이 독인 줄 모른다

등대 울음소리 삼키며
마설가자미 감싸는 파도의 흰 뿌리들
야생의 꼬리 펄럭이다
지쳐가는 한낮
누군가 슬며시 다가와 초록 비늘을 당긴다
그 손길이 따뜻하다

물고기 울음소리 깊다

블루의 나날

간밤 비에 쓸려와 테트라포드 아래
중얼거리는 작은 키의 해초 사이로
한낮의 햇살 부스러기 어룽거린다
수중 바위틈에서
검은 실크스카프를 두른 우럭이
줄낚시 담근 늙은 남자 피해
쉼없이 물결을 헤치고 있다
삶의 잔주름 새겨진 물결무늬 내력은
뼛속 창고에서 슬며시 밀려나와
낮은 바람에도 슬픈 잔뿌리로 출렁인다
발등 튕긴 물결이 목울대까지 밀려와
파동으로 벌떡이는 좌심실을 두드린다
스리랑카에서 고개를 좌우로 흔드는 건
그 누구에게나 긍정이라고 한다
수평선 심층으로 가라앉는 몇 번의 흔들림
퍼담아, 석양이 비치는 빨간 등대에 기대어
먼 바다로 항해 중인 그에게 긴 편지를 쓴다

남극해에서 말향고래 따라
밀려온 부빙의 조각들
테트라포드에 몰려들면, 중심 잃었던 온몸
그가 보낸 바다 답장으로 새파랗게 물이 든다

물위를 걷는 바람의 엽서

아직은 처녀림으로 남고 싶은
간절한 바람들이 그득한 물길
찾아 하얀 운동화 끈을 묶는다
꽃치마 레이스 자락 끝으로 폴, 폴
흙먼지 일으켜 세우며
연두 바람에 이른 잠
깨워내는 물푸레나무
그림자 뒤에 숨어 서서
겨울 내내 쌓아 두었던
서늘한 기억의 페이지 한 장씩
뜯어내어 산수유 꽃 그림자
어룽거리는 은빛 물결 위에 흘려 보낸다
함께 걷는 그의 어깨 위로
노랗게 노랗게 터져 나오는
따뜻한 햇살 가득 스며든다
그 모습, 눈부시다
아직은 처녀림으로 남아서

물의 뼈들 키워내고 싶은
회동수원지 출렁거리는
꽃물결 위에
오래전 부치지 못했던
바람의 답찰을
두 손 가득 모아
천천히 띄운다

폭설 전야

철썩이는 파도소리가 한밤중의 골목길을 휘감아 돌았다 방금 전까지도 견고하던 보도블록 꽃잎 모양이 몸을 비틀며 철썩거렸다 계속되는 철썩임으로 블록들 틈새로 해초들이 자라나와 가로수 몸통 위를 억세게 끌어안고 있었다 숨가쁜 포옹의 끝자락 길고 긴 해초 꼬리마다 맺혀 있는 불가사리 닮은 물방울들 숨가쁘게 하늘로 하늘로 날아오르고 있었다

여자, 여자, 여자

바다 깊은 숨소리가 그녀의 온몸을 읽고 있습니다

열아홉 봄은 그녀 바다에 핀 꽃이었습니다
스물 봄은 그녀 몸에 여자가 피었습니다
스물하나 봄은 그녀 몸에 바다를 닮은 남자가 피었습니다
스물둘 봄은 그녀 몸에 모자반 꽃망울 피었습니다
스물셋 봄은 그녀 몸에 해파리별들 마구마구 피었습니다

이제, 칠순 봄 그녀 몸에서는 방바닥에 배를 깔고 누워서도 출렁출렁 바다우물 속 샘물 피워내고 있습니다

그녀가 부르던 숨비소리가 쌓이고 쌓여서 그녀만의 섬 하나 지어 놓았습니다

덩굴의 사생활

오래된 강대나무 차가운 그늘
빨간 발톱 곧추 세우고
어린 곤충들의 안식을 위하여
클레마티스 덩굴, 넓은 잎사귀 속
진보라색 꽃술로 고요에 지친
구월 저녁을 휘감아 올린다

잎새 그늘이 상처의 기억을 닦아내고
있는, 뾰족 지붕 다락방 천장에
똬리 틀고 앉은 깍다 진디들,
개미들의 허리 핥으며
길고 두터운 햇살보다는
생존을 위한 짧은 입맞춤,
나팔소리로 불러들이는

평생을 함께해야 하는
간절함으로 꽃시계 덩굴 속에서

긴 손길 뻗어와
9시 5분을 알리는 환경시계 * 태엽을
거꾸로 거꾸로 무겁게 돌리는 가을저녁

* 현재의 환경시간, 낮 12시가 한계상황임

비 내리는 물고기 전망대

북태평양 한가운데
섬으로 떠있는 502 동방호
전망대 유리창 두드리는 굵은 빗소리
칼립소의 노래처럼 들려온다

지난 보름밤, 수평선 환하게 부풀리던 달빛
빗물에 섞여와 선회창 언저리 설레임으로 스며들고 있다

2,000 해리 떨어진 뭍에서
비오는 날이면 베란다에 턱 고이고 앉아
시클라멘 하얀 꽃잎에 하염없이
눈길 준다는 그녀가 보인다

육지 떠나와 보낸 한 개 반의 달과 마흔 다섯 개의 태양
한꺼번에 사라지고 이제, 다시 비가 온다

해수면 온도 낮아지며 그 쌀쌀함으로

물고기들은 외출을 삼간다
집어등 불빛으로 어둠 뚫고 물고기 행로 추적하던
조타실은 적막감으로 우장막을 쳤다

세상 많은 것들, 태양빛으로 키 키운다는데
빗소리는 그리움의 키 키우는 뱃사람 사랑의 뿌리
비에 젖은 피톨에 간절함의 키, 새살로 돋아나고 있다

하룻밤 사이, 백년이 흘러가버린 비 내리는 조타실에서
우파니샤드 경전처럼 빗소리를 읽었다

빗방울 이빨 속을 파고든 바람은 파도의 키를 점점 더 높인다
물고기 전망대 선회창으로 비치는
어로선장의 눈빛이 흐려지고 있다

고래의 귀향

고래가 돌아왔다

카파도키아 괴레메 골짜기를 지나
에게 해의 보스프로스 해협을 뚫고
우리 바다를 찾아왔다

꽃소식 넘실대는 고래바다 바다 위로
순식간에 치솟아 올라와
브리칭 싱싱한 몸태 뽐내며
뱃전을 기웃거린다

어쩌다가 그에게 눈길 닿으면
저 먼 심해 열수 분출공의
검은 연기 피어나는 굴뚝과
이웃한 관벌레 사랑이야기도 들려준다

아득한 수니온 곶, 포세이돈 신전 벼랑 아래

두고 온 시퍼런 물의 발자국 그리워
슬픈 노래 들려주며 춤추는 고래

용왕의 궁륭에서 솟아오르는 그의 물 뿜기는
반구대 암각화에 갇혀 있는 선사인들 가슴속
못다한 사랑의 눈물 뿌리 같아라

그, 먼 사랑의 유적 찾아 우리 바다로 온 고래

한평생 바다 찾아 떠도는 나의 전생이 아닐까

외돌개

장딴지가 퉁, 퉁 붓도록
걷고 또 걷고 싶은
길이 생겨났다
천년 세월 숨가쁘게
걸어와 아직도
다 풀어내지 못한
아쉬운 사랑이
외돌개 지붕 위 한 그루
키 작은 나무로 피어나
이방인의 걸음
붙잡아 앉힌다
겨울 내내 감추어 둔
비린 맘 홍건한
삼월의 끝자락
섬으로 몰려드는
붉디 붉은 낙조
조랑말 울음소리 뎅그렁

거리는 소나무 숲으로
펴져 와 또 다른
섬 하나
핏빛 바다 위에
슬그머니 내려놓는다

오래된 편지

남극 빙하
얼음결 속에서 영원을 기다리던
혹등고래등에 핀 꽃 발라노스

꽃잎마다 켜켜이 쌓여 있는
얼음창고의 비밀들
유빙의 시간 속을 떠돌다,

쇄빙선 블루피터에 실려 왔다

물의 감옥에서 부쳐온
안녕을 가만히 안는다

무거운 하루

비가 내렸다

새벽부터 뒷산 가득 모여들기 시작한 안개가
길을 내어 줄 생각을 않는다
문득, 보이지 않는 곳에 숨어있는 존재의 방으로
엉금엉금 기어들어가 본다
내 몸속 어딘가도 안개에 가득 덮혀서
피돌기를 막아선 지옥이 몸살을 앓고
있을게야, 타전되지 못한 마음 깊은 곳의
안부가 쪼그라든 피의 흐름처럼
굳어지고 있는 게지

오후 한 시를 조금 넘기자 서둘러 안개가 떠났다

오전 내내 가득 차 오르던
존재의 방도 천천히 천천히 가라앉기 시작했다

크리스마스 섬

우리는 다시 바다로 돌아간다

남새바람 선체를 흔들어 대고 뱃머리는
하얀 물 발자국을 지우며 백파를 헤쳐나간다
파도가 조각한 바람 속에서 생살 드러내는
바다의 시퍼런 경고가 날카롭다
수평선 한편을 두르고 있던 먹장구름 떼
선회창을 넘어 조타륜으로 파고든다
황천이라 불리는 거대한 물덩이들, 씩씩한 스텝으로
다가와 블루피터와 뜨겁게 포옹한다
선원 몇몇 로링으로 기울어지고
또 몇몇 피칭으로 넘어진다
흔들리는 얼굴마다 육지에 두고 온 사랑을
추억하는 이별 노래가 석양에 젖어 더욱 붉다

오늘은 정월 대보름, 저 먼 수니온 곶 언덕
포세이돈 신전에서 바다로 바치는 순결한

꽃다발에 달빛은 더욱 찬란하다
북해로 항진하는 배의 꽁무니 좇아오는 항적류는
뱃사람 우직한 사랑 가두어 놓는 안개의 성벽
아닌가, 온몸에 스며드는 건들바람이 무겁다
그러나 앞으로 가리라 앞으로만 가리라
항해는 해원의 곧은길로 가는 것
마침내 바다에서 길을 찾았다
푸릇푸릇 물비늘이 돋아나는 우리의 항해는
지상에서 찾을 수 없었던
피안의 신천지를 향하고 있다

크리스마스 섬이 어디쯤인지 우리는 알고 있다

제4부

비밀의 정원

하얗게 페인트 칠한 동그란 대문 위에, 앞바퀴가 커다란 자전거가 하늘 향해 걸음마를 시작하고 있는, 거인의 주먹만 한 노란 장미. 엉금엉금 담장으로 잰걸음 옮기는 일본산 으아리와, 좁쌀보다 작은 연두빛 또래기. 참새들 발목을 잡아 미끄럼틀 타고 땅속으로 파고드는, 향기 없이 꽃잎만 고운 분홍찔레꽃. 유리 차탁 위에서 두 눈 반짝이며 작은 아이들 불러 모으는, 비닐하우스 속에서 까치발 세우며 자라고 있는 미모사 형제들과, 통영 바다 냄새를 꽃잎마다 문신처럼 새겨온 바위솔의 속살거림이 뒹굴다 으깨어진 쪼가리 화분 속에서 저마다의 사연을 담아내는, 전설의 집으로 가는 길을 따라 걷다가 만나는 매연과 먼지들에게 훌쩍훌쩍 키가 자라는 건물들에게,

하얀집의 열쇠 하나씩 복사해서 건네 주고픈.

시간의 허리를 자르다

껍질 두꺼운 햇살의 수혈을 거부하던
포도나무 줄기를 전지가위로 자르면서
그가 말했다
봄이 오는 길목이 아득해 보여, 마침내는
뿌리마저 캐내어 논을 만들까 한다고
철없는 여자, 튼실한 포도나무 밑동을 잘라내어
찻잔 받침을 만들고 싶다고 했을 때
그가 희미하게 웃었던가,
속살을 파헤치니 포도나무 길게길게
휘어진 생의 언저리
명주실로 엮은 듯 촘촘하게
지어진 집 한 채
그곳에 숨기고 있었다
보이는 것이 전부가 아니었음을,
낡은 톱을 슬며시 놓아버렸다
너무 일찍 늙어버린 덩굴의 생애
붉은 면장갑 아래로 떨어지던

푸슬푸슬한 흙덩이들
햇살 뿌리 찾아
느린 걸음으로 떠나고 있었다

백야의 바다

바다에 와 바다를 그리워하는 일이 나의 일이다

내가 가진 뭍의 기억은 밤이 길어질수록
더 먼 전설이 되어 물고기 전망실 창틀
담배꽁초 더미에 묻혀져 간다

다시 칠월이 시작되었다

새벽 3시의 박명 따라 남빙양 바다는
백야를 거느리고 느리게 시간의 발바닥을 딛고 있는 중이다

나조차도 알 수 없는 나의 바다로
깊은 잠에 빠진 나의 여자가 오고 있다
그녀의 흩날리는 머릿결에서 배롱나무꽃 긴 여름 향기가 난다
〉

백파로 얼룩진 스커틀을 두드리는 그녀, 그녀 등뒤로
백야 속에서 몸이 야위어 가는 물고기들의 외침이
물고기 전망실 계단을 필사적으로 튀어 오르고 있다

나의 바다에 나의 여자가 오고 있다

천천히 천천히 스크루 발자국에 힘주어 가며
백야를 헤치고 나의 여자가 부푼 바다를
데리고 나의 바다를 찾아오고 있다

무섬

찰랑거리던 물의 신발

고이 벗어 두고

폭염의 여름 한가운데

지친 몸 말리고 있는 외나무다리

무더위 속 사람들

검은 우산을 쓴 채

사행천蛇行川 물길 속에서

다리의 발바닥 기억

주무르고 있다

그 여자

꽉,
한번은
품에
안고 싶은
여자가 있다
그 여자의
깊은 협곡으로 흐르는
비밀의 물길
찾아,
황천항해라도
하고 싶다
그 여자
내 안에서
내 여자가 되어
내 몸 깊이
물방울 화석으로
숨겨두고 싶다

그곳에 고래가 있다

겨울 내내 빙설에 뒤덮여
그 무엇도 살 수 없는
머나먼 곳에 비밀의 숲 같은
남극해가 있다
꿈결인 듯 불어오는 노란 수선화 향기 따라
봄이 빠르게 진 자리
투명한 겨울 상처 조각들
얼음꽃으로 피어 떠돌아다니면
펄떡이는 바다의
여름이 솟아난다
비밀의 숲에 숨어살던 플랑크톤의
휘파람소리 빠르게 빠르게
얼어 있던 바다에 퍼져
먼 길 떠났던 고래들 귀향의 나팔소리로
빙산의 바다는 거친 숨을 몰아쉰다
오래전 유빙에 갇혀 있던 인듀어런스 호에도
새끼 고래들의 깔깔대는 웃음소리로

선실의 창문마다 고깔모자가 걸린다
늙은 고래들이 부르는 생의 찬미로
여름 바다 숨결은 뜨겁다
바다는 지금, 고래들의 함성으로 끓고 있다

다시,

키 작은
늦겨울 햇살

두꺼운 바람의 껍질 벗겨내며
연두를 빚고 있다

주산지 수양버들
물결의 적막과 내통 중이다

지극한 사이

일흔아홉 내 엄마 그리고
마흔아홉 나와 열아홉 내 딸
밤 둑길에서 손잡은 채
별을 헤아린다
딸아이 웃음소리
은하수 건너가며
삼십년 바람의 행간 속에서
별을 낳는다

무겁다

언제부터인가 모든 것이 무거워지기 시작했다

몇 년째 거실 한켠을 지켜 온 액자 속 아이를 업은 채
광주리를 이고 있는 어머니 뒷모습 그림을
바라보다가 그 정겹고 포근했던 풍경이
힘겹다는 생각에 액자를 내렸다

거리에도 지천으로 무거움이 걸려 있다

커져만 가는 간판들을 쳐다볼 수 없어
바닥만 보면서 다니는 버릇이 생겼다
늘 붙어 다니던 가방 안 물건들도
모조리 끄집어내었다

그래도 여전히 무거웠다

비워지지 않는 무거움이 머리끝을 시작으로

목줄기에서 팔뚝으로 손바닥에서 허벅지를 지나
바지 끝으로 흘러내리는 한낮 햇살 속에서
흩어지는 보푸라기처럼 알을 까고 있었다

때,

해질녘 여름 강에서 보았다

마른 땅 가까운 낮은 물결 속
치어들 송송,
조금 깊은 물결 속
중치들 숭숭,
물길 따르고 있었다

먼길 나서야 하는 길의 때,
맨발로 저들에게서 배웠다

늦지 않은 염려

결혼 십구 년만에 단둘이 떠난
여행길에서 훔쳐 온 유자 두 개
싯푸른 섬나라 기억 묻혀온
흠집 투성이 못난 유자,
시간의 물결 출렁일 때마다
그늘 속에 내 모습 어룽진다
없는 듯이 귀퉁이에서 지내다가
마지막 몸부림으로
지독한 향기 한꺼번에 쏟아낸다
비로소 온전한 속내 드러내며
피워 올리는 샛노란 숨소리
낮게 엎드려도 부끄러웠던
지난 생애가 해풍에 실려
남빙양 백야 속으로 흘러가고 있다

모지포 가는 길

항해에 지친 수부들 이러쿵저러쿵
뱃전에서 기울듯이 흔들리는 산복도로
시내버스에 실려 하루를 찾으러
바다로 바다로 흘러간다

삼십육 방위 빼곡히 채운 해무
캐비어처럼 검은 눈 뜨며
수평선 경계 지우는 날이다

저 구불구불한 길 따라 흐르다 보면
바다 탯줄 닿은 시원에 이르리라

파도 골짜기와 흘수표로만 떠돌던
바다의 거친 삶,
정박한 생이 내려다보는 바다는
한없이 평화로우리라
〉

해류를 이루던 물결무늬와 늙은 바위 힘줄
모여 출렁출렁 길을 내는 모지포 가는 길

뼛속까지 젖어드는 그리운 사람 생각나
산복도로 넘으며 층 높은 버스 뒷자리에 앉아
태산목 꽃망울 하얗게 터지는 소리 듣는다

흔들거리는 버스 차창으로 불어오는 외항선 블루피터
휘파람소리, 혈청소 소나무 숲으로 푸르게 스며든다

천년 전 바다였던 바위 마을에서
나지막이 불러보는 옛 애인의 이름이여

만선

북대서양 한복판
문득, 하늘 쳐다보자 별똥별 몇 개
갯바위에서 푸른 일생 마감하는 파도처럼
젖은 그리움 이끌고
물고기 비늘로 스며드는 걸 보았습니다
북풍 서걱대는 마스트에서
해초처럼 나부끼는 유언장 하나
바다 바다로 가라
오대양 대왕고래 숨소리 들으라
지느러미 곧추세운 태평양
긴 침묵의 물비늘 털며
뱃머리에 용왕의 말씀 전하는 것이었습니다
수장된 세월 사연 묻는
집어등 점등하는 뱃사람 살풀이가
바닷속 물고기와 내통하여
천년 전 장보고 보물지도 만장으로 펄럭이고
만파식적 틈을 빠져나온 만선의 환호는

파도의 굽은 등줄기에 고단함 털어내며
중중모리 장단으로 흥겨운 밤이었습니다

태평양에서 온 편지

이곳은 적도의 북쪽 바다입니다
육지에서 12,000 해리 떨어진 머나먼 곳입니다
거리가 주는 아득함만큼 그리움도 깊습니다
장마전선 따라 많은 비구름이 몰려왔습니다
비구름에 별들도 빛을 잃고 사라졌습니다
열흘 내내 줄기차게 비가 내리고 있습니다
물고기 잡는 작업도 중지되었습니다
선원들 빛나던 눈빛도 흐릿해졌습니다
무인도에 와 있는 것만 같습니다
수국과 백합이 피고 자두가 익어가는
고향집 뜨락이 자주 꿈속에 보입니다
오래전 바다를 떠돌던 아버지를
꿈속에서 만나 엉엉 울기도 합니다
적막만이 조타실에 우장막을 쳤습니다
당신이 불러주던 노래가 청포도 잎사귀에 스며든
비바람 타고 와 침실 스커튼을 두드리고 있습니다
따뜻한 당신 손을 잡고 달맞이꽃 핀

여름밤 둑길을 걷고 싶은 꿈을 꿉니다
당신을 꿈꿀 수 있는 밤이 있어
외롭지만은 않은 바다의 날들입니다
태평양 여름 바다 한가운데서
친애하는 당신에게 장마의 나날을 부칩니다

□ 해설

몸의 기억과 회생의 바다
— 김길녀의 시세계

구모룡(문학평론가)

'몸' 과 '바다' 는 김길녀의 시를 구성하는 두 가지 대표 이미지들이다. 서로 멀어 보이는 두 이미지들은 시작의 전체 과정에서 전개되는 지평의 확산을 통해 만난다. 먼저 '몸' 은 유년의 기억 속에 각인된 감각의 거처이다. "발바닥 기억"(「무섬」에서) 혹은 "발바닥의 정신들"(「푸른 징조」에서)로 표현되고 있는 기억의 세계는 몸에 내재된 감각의 경험과 다르지 않다. 이것은 김길녀의 시세계에서 내재한 신체성의 원형에 가깝다. 그녀의 시를 떠받치는 기저는 추억이다. 가령 "일흔 살 처녀할머니"(「푸른 징조」에서) 이야기는 의식이 미분화된 유년체험의 온전한 원환성을 드러낸다. 이러한 세계에서 감각은 아름다운 동일성을 지녀 '할머니'의 죽음조차 "꿈을 찾아서 보름달 속으로 떠나셨다"라고 받아들인다. 하지만 유년의 감각은 단지 기억될 뿐이다. 유년은 그것을 기억하는 현존재의 사정에 따라 환희도 되고 비애도 된다. 경우에 따라 그것은 자기 연민과 상실의 징표에 지나지 않는다.

이제 옛집 빈터에는 산수유꽃만 사태지고 있다
버즘처럼 썩어가는 모과와
꽃바람에도 꿈쩍 않는 늙은 감나무 옆
부르튼 살결의 산수유 가지 끝에
차마 떨구지 못했던
지난해 붉은 산수유 열매
할머니 쪼그라든 젖꼭지 같다
서둘러 골짜기로 찾아드는
저녁 햇살 붉다
덩그마니 댓돌 위에 앉은
흰고무신 바람그늘 속
그네 타는 노란 꽃귀신들
풍장으로 뼈만 남은 허물어진 담벼락
감싸 안은 초록 넝쿨은
금이 간 장독 안에서

새벽 이슬을 낳는다

—「옛집」 전문

모든 추억을 그대로 보존하는 장소는 없다. 퇴락해 가는 "옛집" 처럼 내재된 감각의 주체인 우리의 몸 또한 훼손되거나 고갈된다. 그럼에도 장소의 혼을 기억하고 그 흔적에 매달리는 것이 시인의 유년의식이다. 이를 통해 시인은 "푸른 징조" 와 만나고자 한다. 유년 세계가 지닌 힘은 그 자체의 순수성에 기인한다. 그래서 "풍장으로 뼈만 남은 허물어진 담벼락/ 감싸 안은 초록 넝쿨은/ 금이 간 장독 안에서/ 새벽 이슬을 낳는다" 는 시적 표현이 가능하다. 그렇다면 "초록 넝쿨" 과 "새벽 이슬" 은 어떻게 '바다' 와 이어지는 것일까? 인용시에서 "새벽 이슬" 이 유년을 향한 심정의 응축이라면 여타의 많은 시편에 등장하는 '바다' 는 외부를 향한 심정의 확대에 다를 바 없다. 시인은 서정적 응축과 낭만적 확산 사이를 왕래한다. 그어떤 삶의 계기는 시인으로 하여금 심정의 응축에서 심정의 확산으로 나아가게 한다. 그러나 '바다' 는 단지 확산의 대상만 아니니다. 그것이 지닌 시원성에서 유년의 원초적 경험과 만난다. 바다는 만물이 생성하고 소멸하는 순환의 공간이다. 그리고 모든 죽음들이 다시 생명으로 탄생한다. 이러한 과정은 「물결에 관한 보고서」에 잘 서술되어 있다.

칠월 장맛비, 시퍼런 초록 골짜기를
흘러나오는 오래된 옛집,
나보다 먼저 죽어간 이들의 저녁을 위하여
슬며시 문고리를 열어둔다
저물녘 강둑에 스며든 적막감이 한기로
다가와 스멀스멀
경전 속 숨은 비밀이 되어
방안 가득 똬리를 튼다
주술에 걸린 듯 박태기나무 팝콘 같은 꽃잎들
후-두둑 떨어져 어둠의 두터운 안부를
빗길 위에 떠내려 보낸다
검은 물기둥 궁전이 있는 사북, 뭉텅뭉텅
킬링필드의 목 잘린 해골처럼 쌓여서
산맥을 이루는 폐석탄 잔해들,
굳은 능선의 부르튼 틈새마다엔
붉디붉은 물결의 시간이 깊은 주름으로
흐르다, 꽉 다문 막장 문 입구에서
녹슨 눈물의 뿌리로 환생하기도 한다
막장으로 가는 마지막 길
숨이 긴 여름햇살, 제 몸 서랍 속 비늘
모두 털어내어

바다로 가는 길을 열고 있다

—「물결에 관한 보고서」 전문

이 시가 말하고 있듯이 "오래된 옛집"의 추억은 "적막감"과 "한기"를 뿜어내며 세월의 잔해를 쌓아가고 있다. 물론 이 시가 말하고자 하는 "사북"이라는 탄광촌의 풍경은 유년을 말하기에 어느 정도 예외적인 상황이다. 그럼에도 기억의 장소에 대한 시인의 태도를 이해하기에 족하다. "바다로 가는 길"은 새로운 지평이다. 이는 "붉디붉은 물결의 시간이 깊은 주름으로" 각인된 기억의 세계로 회귀하는 것이 아니다. "눈물의 뿌리로 환생하는" 것이다. 환생, 회생, 치유의 바다로 나아가는 것이다. 「꽃 피는 저녁」에서 "청동물고기"는 이러한 바다의 의미를 잘 드러낸다. "청동물고기, 텅 빈/ 몸뚱아리 속으로/ 침잠하는데, 간절함 없는/ 마흔의 여자는 화들짝/ 화들짝 출렁임 한번 없이/ 피워올리는 붉은 저녁을/ 꺾고 또 꺾는다"라는 구절이 말하고 있듯이 "바다의 기억"은 유년의 행복을 동경하는 데 그치지 않고 신생을 갈망하는 적극적인 의미를 내포한다. 시원의 공간인 바다는 "텅 빈/ 몸"에 생명을 불어넣는다. "바다로 가는 길"은 존재의 내부가 아니라 외부로 향한다. 여기서 바다와 몸은 깊은 연관을 지닌다. 「파천금」의 "흑빛 물고기 한 마리"는 「꽃 피는 저녁」의 "청동물고기"와 다르지 않다. 모두 몸의 부활, 몸의 변신, 상실의 회복, 신생의 가능성을 염원하고 있다. 이는 「여자, 여자, 여자」가 말하고 있는, "그녀만의 섬 하나"를 지어 놓으려는 지향과 무관하지 않다. 시인은 바다의 지평으로 시적 지향을 전환하려 한다. 경우에 따라서 해양시를 생산하려는 의도된 입장이 전제되기도 한다. 예를 들어 「태평양에서 온 편지」는 수부를 화자로 삼은 시이다. 이 경우 바다는 해양체험의 장으로 상상된다.

> 이곳은 적도의 북쪽 바다입니다
> 육지에서 12,000 해리 떨어진 머나먼 곳입니다
> 거리가 주는 아득함만큼 그리움도 깊습니다
> 장마전선 따라 많은 비구름이 몰려왔습니다
> 비구름에 별들도 빛을 잃고 사라졌습니다
> 열흘 내내 줄기차게 비가 내리고 있습니다
> 물고기 잡는 작업도 중지되었습니다
> 선원들 빛나던 눈빛도 흐릿해졌습니다
> 무인도에 와 있는 것만 같습니다
> 수국과 백합이 피고 자두가 익어가는
> 고향집 뜨락이 자주 꿈속에 보입니다
> 오래전 바다를 떠돌던 아버지를

꿈속에서 만나 엉엉 울기도 합니다
적막만이 조타실에 우장막을 쳤습니다
당신이 불러주던 노래가 청포도 잎사귀에 스며든
비바람 타고 와 침실 스커틀을 두드리고 있습니다
따뜻한 당신 손을 잡고 달맞이꽃 핀
여름밤 둑길을 걷고 싶은 꿈을 꿉니다
당신을 꿈꿀 수 있는 밤이 있어
외롭지만은 않은 바다의 날들입니다
태평양 여름 바다 한가운데서
친애하는 당신에게 장마의 나날을 부칩니다

—「태평양에서 온 편지」 전문

"바다에 와 바다를 그리워하는 일이 나의 일이다"로 시작하는 「백야의 바다」와 더불어 인용시는 선상 선원의 체험을 노래하고 있다. 해양시를 통하여 시적 지평을 확장하고 있으나 다소 작위적이다. 그렇지만 이러한 해양시는 김길녀의 시에서 주변적이다. 무엇보다 그녀의 시에서 바다는 아플 뿐만 아니라 늙어가는 몸과 연관되어 있다. "몸 속 어딘가도 안개에 가득 덮혀서/ 피돌기를 막아선 지옥이 몸살을 앓"는(「무거운 하루」에서) 경험은 시인의 자전적인 상황을 말하고 있는 듯하다. 이는 "지독한 어둠의 끝"(「안간힘의 연대기」에서)이라고 표현한 경험과 연관된다. 몸의 위기를 경험한 시인이 "기억의 꽃밭"을 마냥 반추할 수 없다. "깊은 바다, 열수 분출공 굴뚝 아래/ 그 캄캄한 곳/ 오래된 수장고 비밀의 문 열리자/ 먼지 쌓인 방마다 묻혀있던/ 죽은 자들의 푸른 시간, 한번도/ 천사였던 적이 없었던 나의/ 전생도 그곳에서 부활하여/ 마린 스노우, 하얀 눈송이로 날아오른다"(「미술관에서 만난 바다」에서)라는 진술이 말하는 환상이 더욱 절실하다. 바다는 새로운 '천사'가 되려는 몸의 욕망을 대변한다. "오랫동안 내 몸속에 세 들어 살았던 늙은/ 세포의 잎사귀들 한꺼번에 쏟아져 나와/ 저물녘 바다의 등에 업혀 흘러 흘러만 갑니다"(「저녁 바다」에서). 이처럼 바다는 회복과 재생의 드라마를 연출한다. 김길녀는 바다를 통하여 시원과 원초적인 생명의 약동을 그린다. 그만큼 "내 생애 가장 절박한 기도가/ 바다로 바다로 흘러가고"(「이별에 대한 예의」에서) 있는 것이다. 그녀에게 바다는 궁극적인 관심이자 거소이다.

> 저 구불구불한 길 따라 흐르다 보면
> 바다 탯줄 닿은 시원에 이르리라.
>
> —「모지포 가는 길」에서

> 이제 나는 온전한 자유를 찾아
> 심해의 저, 광활한 우주 속으로 흘러든다

—「어떤 이별」에서

그러나 앞으로 가리라 앞으로만 가리라
항해는 해원의 곧은길로 가는 것
마침내 바다에서 길을 찾았다
푸릇푸릇 물비늘이 돋아나는 우리의 항해는
지상에서 찾을 수 없었던
피안의 신천지를 향하고 있다

—「크리스마스 섬」에서

용왕의 궁륭에서 솟아오르는 그의 물 뿜기는
반구대 암각화에 갇혀 있는 선사인들 가슴속
못다한 사랑의 눈물 뿌리 같아라

그, 먼 사랑의 유적 찾아 우리 바다로 온 고래

한평생 바다 찾아 떠도는 나의 전생이 아닐까

—「고래의 귀향」에서

비밀의 숲에 숨어살던 플랑크톤의
휘파람소리 빠르게 빠르게
얼어 있던 바다에 퍼져

먼 길 떠났던 고래들 귀향의 나팔소리로
빙산의 바다는 거친 숨을 몰아쉰다
오래전 유빙에 갇혀 있던 인듀어런스 호에도
새끼 고래들의 깔깔대는 웃음소리로
선실의 창문마다 고깔모자가 걸린다
늙은 고래들이 부르는 생의 찬미로
여름 바다의 숨결은 뜨겁다
바다는 지금, 고래들의 함성으로 끓고 있다

—「그곳에 고래가 있다」에서

이처럼 바다는 "시원", "온전한 자유", "피안의 신천지", "전생", 생명의 환희를 내포한다. 몸을 구속하는 고통으로부터 완전하게 해방된 생명의 장소가 바다이다. 그러나 이는 다른 한편으로 우리 속에 내포된 병과 죽음에 대한 저항을 의미한다. "삶이 죽음 근처에"(「시간의 죽음」에서) 있음을 인식하기에 에로스에 대한 열망은 더욱 강렬하다. "나는 그렇게 죽음을 한 알씩 상자 속에 쌓아 두었어"(「적과의 동거」에서)라고 말하는 화자의 절실함이 바다의 다양한 변주를 단순한 낭만적 동경으로 회수하지 않는다. 몸의 고통에 대한 자각이 죽음에 대한 인식과 더불어 "초록을 빚어내던 따스한 손길의 온기"(「그림자」에서)를 더욱 뚜렷하게 한다. 이것이 김길녀가 말하고자 하는 "푸른 징조"

가 아니겠는가. 그녀는 몸을 가진 존재의 고통을 시작의 지속적인 계기로 삼고 있다. 타나토스의 공포를 이겨내려는 에로스의 열망이 바다로 가는 길을 열고 있는 것이다.

애 지 시 선

002	붉디 붉은 호랑이	장석주 시집
003	붉은 사하라	김수우 시집
004	자전거 도둑	신현정 시집
005	정비공장 장미꽃	엄재국 시집
006	기차를 놓치다	손세실리아 시집
007	바람의 목례	김수열 시집
008	그리운 연어	박이화 시집
009	뜨거운 발	함순례 시집
010	정오의 순례	이기철 시집
011	그 남자의 손	정낙추 시집
012	즐거운 세탁	박영희 시집
013	구룡포로 간다	권선희 시집
014	좋은 날에 우는 사람	조재도 시집
015	여수의 잠	김열 시집
016	축제	김해자 시집
017	뜻밖에	박제영 시집
018	꽃들이 딸꾹	신정민 시집
019	안개부족	박미라 시집
020	아배 생각	안상학 시집
021	검은 꽃밭	윤은경 시집
022	숲에 들다	박두규 시집
023	물가죽 북	문신 시집
024	마늘 촛불	복효근 시집
025	어처구니 사랑	조동례 시집
026	소주 한 잔	차승호 시집
027	기찬 날	표성배 시집
028	물집	정군칠 시집
029	간절한 문장	서영식 시집
030	고장 난 아침	박남희 시집
031	하루만 더	고증식 시집
032	몸꽃	이종암 시집
033	허공에 지은 집	권정우 시집
034	수작	김나영 시집
035	나는 열 개의 눈동자를 가졌다	손병걸 시집
036	별을 의심하다	오인태 시집
037	생강 발가락	권덕하 시집
038	피의 고현학	이민호 시집
039	사람의 무늬	박일만 시집
040	기울어짐에 대하여	문숙 시집